PEANUTS™

ENTDECKE DEN SNOOPY IN DIR

INSPIRIERT DURCH DIE PEANUTS-COMICS
VON CHARLES M. SCHULZ

Autor Nat Gertler

DK

INHALT

DEM GUTEN LEBEN AUF DER SPUR

Erscheint dir dein Leben manchmal trostlos? Schubst dich jeder nur herum? Dann solltest du vielleicht versuchen, wieder Oberwasser zu bekommen! Wenn du die Sache einmal aus Snoopys Blickwinkel vom Dach seiner Hundehütte aus betrachtest, sieht die Welt gleich ganz anders aus. Weg mit den negativen Gedanken und her mit den Freuden der Fantasie. In Snoopys Universum kannst du alles sein – ein Fliegerass, ein Weltklasse-Golfspieler, ein maskierter Superheld oder ein Alpha-Beagle.

Wie der beste Freund des Menschen zeigt dir *Entdecke den Snoopy in dir* den Weg zu mehr Freude in deinem Leben. Tanze, surfe, gehe aus dir heraus, ohne dich darum zu kümmern, was andere davon halten – reite einfach lässig auf den Wellen des Lebens.

FINDE DEIN GLÜCK

Freude und Glück sind ganz individuell und für jeden anders. Schroeder ist glücklich, wenn er auf einem Spielzeug-Piano Beethoven spielen kann, Snoopy dagegen scheint sich über vielerlei zu freuen – sogar, wenn er auf einem Einrad jongliert. Genieße also deine Glücksmomente, aber bleibe offen für Neues. Schau genau hin: Das Glück findet man manchmal genau dort, wo man es am wenigsten erwartet.

„JAA! ENDLICH ESSENSZEIT!!“

Snoopy

GENIESSE DIE KLEINEN DINGE

Das Glück kommt nicht immer spektakulär daher. Ein Nickerchen in der Sonne, ein Baseball-Spiel oder eine Schmuseeinheit mit einem kuscheligen kleinen Hund können dir jeden Tag versüßen. Unterschätze nie die einfachen Freuden des Lebens wie zum Beispiel einen Stapel duftender Pfannkuchen. Nicht umsonst heißen Snoopys drei Lieblingswörter „Füttere den Hund!“ Oft reichen uns regelmäßige Mahlzeiten, Tagträume und Besuche von guten Freunden zum Glück. Wenn du erkennst, wie gut das Leben mit seinen kleinen Freuden schon jetzt für dich sorgt, kann nichts mehr schiefgehen. Das ist die beste Basis für ein glückliches Leben, eine Basis, so solide und verlässlich wie das Dach, auf dem du liegst.

„DU SOLLTEST ES VERSUCHEN, DENN STRENG MEDIZINISCH AUSGEDRÜCKT HAST DU EINEN ‚VERSUCHSBEDÜRFNISZWANG'."

Lucy Van Pelt

PROBIERE NEUES AUS

Die Welt ist voll neuer Dinge zum Ausprobieren. Nicht alles wird dich begeistern, aber wenn dir etwas nicht gefällt, macht es dich wenigstens um eine Erfahrung reicher – immerhin weißt du nun, dass du davon in Zukunft die Finger lässt. Außerdem muss es ja nicht unbedingt so abenteuerlich sein wie Linus' Heimflug mit dem 1A-Snoopy-Hubschrauber. Aber wenn du dich gegen alles Neue sperrst, verbaust du dir selbst ganz viele Chancen. Das fängt schon mit der Vorfreude während der Planung an. Also los! Gib ruhig deiner Neugier nach – wenn du es nicht ausprobierst, wirst du nie wissen, was rausgekommen wäre. Packe die Gelegenheit beim Schopf und verlasse deine Komfortzone. Wenn du danach wirklich einen „sicheren Hafen" brauchst, ist deine Hundehütte immer noch da.

SCHON GEHÖRT? ICH BEWERBE MICH ALS KLASSENSPRECHER ...

HALTE GROSSE STÜCKE AUF DICH

Was macht das schon, wenn dich andere für ein bisschen schmuddelig halten? Wer weiß, vielleicht liefen früher einmal Salomon oder Dschingis Khan durch den Dreck, der heute dein Gesicht ziert. Wenn dich solche Überlegungen inspirieren, sodass du dich zum Beispiel wie Pig-Pen zum Klassensprecher oder in ein anderes hohes Amt wählen lassen willst, dann halte unbeirrbar daran fest. Lass dir nicht von irgendwelchen Zweiflern einreden, dafür seist du nicht geeignet. Lass nicht zu, dass der Zynismus Außenstehender dein strahlendes Selbstbild trübt. Verbiege dich nicht, um anderen zu gefallen. Du bist du, und du bist einzigartig – das ist auf jeden Fall ein Grund zum Feiern.

„ICH GLAUBE, ICH BLEIBE EINFACH
HIER LIEGEN, BIS MICH DER
ERSTE SCHNEE ZUDECKT …"

Charlie Brown

DER WEG IST DAS ZIEL

Im Leben locken immer irgendwelche Ziele in weiter Ferne, aber schon der Weg dahin kann so schön sein. Wenn du zum Beispiel einen Ball kicken willst, kannst du dir ein wichtiges Spiel vorstellen, die Spannung beim Anlauf und wie du dann deine ganze Kraft in diesen einen großen Schuss legst. Klar kann es vorkommen, dass der Ball in letzter Sekunde weggezogen wird, du ins Leere kickst und eine Rückwärtsrolle hinlegst … aber dann stell dir einfach vor, wie du im kühlen Gras liegst und in den grenzenlos weiten Herbsthimmel schaust.

„MIR WIRD GANZ ANDERS, WENN ICH AN ALL DIE VERLORENEN SPIELE DENKE …"

Charlie Brown

DAS GLAS IST IMMER HALB VOLL

Jeder macht mal einen Fehler. Genieße deine Erfolge und nimm es nicht so schwer, wenn es mal nicht so gut läuft. Was macht das Fliegerass, wenn ihn der Rote Baron erwischt? Er rappelt sich auf, rückt seine Fliegermütze zurecht und steigt mit seinem Flugzeug gleich wieder auf in die Lüfte. Vielleicht ist beim nächsten Mal ja er der glückliche Gewinner! Jedes Mal, wenn du den Baseball in die Hand nimmst, beginnt ein neues Spiel. Jedes Mal hast du wieder die Chance auf einen perfekten Lauf, ganz egal, wie oft du es vorher versiebt hast. Denke immer daran – jede Auszeichnung ist etwas Besonderes, sogar ein Pokal für den „Anfänger des Jahres".

VERSUCHT, DAS SCHIFF RUHIG ZU HALTEN, MÄNNER! ICH HAU MICH KURZ IN DIE KOJE ...

ACHTE AUF DICH

Manchmal erwarten dich alle auf der Überholspur, während du in Wirklichkeit etwas Erholung brauchen könntest. Wenn dir das Leben einen fies angeschnittenen Ball zuspielt, sei nachsichtig mit dir selbst. Immerhin weißt du am besten, was dir im Moment gut tut. Nur du kannst hören, wie aus deiner Hundehütte diese Schokokekse nach dir rufen. Halte dich an deiner Schmusedecke fest, mache ein Nickerchen oder gönne dir fünf Minuten Auszeit. Lasse dich nicht hetzen und komme zurück, wenn du es für richtig hältst. Heute ist sicher nicht der Tag, an dem die Welt untergeht – denn in Australien ist es ja schon morgen.

ZEIGE DEINE FREUDE

Es stimmt schon, wahre Freude kommt von innen. Aber von dort fließt sie natürlich nach außen, von deinem Herzen in deine Füße, in deine Schlappohren, in deine kleine Stupsnase. Freude gehört zu den Dingen, die mehr werden, wenn man sie teilt. Probiere es aus und du wirst sehen: Bald kann sich niemand mehr deiner unwiderstehlichen Fröhlichkeit entziehen.

„IST DAS NICHT DEIN HUND DA DRAUSSEN, CHARLIE BROWN? ICH GLAUBE, ER HAT DEN VERSTAND VERLOREN!"

Linus

WIRF DEINE VORBEHALTE ÜBER BORD

Dein eigenes Stück Glück kannst nur du für dich finden, fühlen und genießen. Suche es nicht in dem, was andere Leute wollen oder erwarten. Sie hätten gern, dass du die Hasen verjagst, aber du willst lieber mit ihnen tanzen? Tanze! Sie finden, du sollst dich wie ein „normaler Hund" benehmen, aber du siehst dich eher als Fliegerass? Fliege! Sollen sie doch ihre „Hunde verboten"-Schilder aufstellen, das hält doch dich nicht davon ab, der Beagle deiner Träume zu sein – eigensinnig, stolz und wagemutig.

HII HII HII HII
HII HII HII HII

LACHE MIT ANDEREN

Gemeinsam macht alles mehr Spaß. Wir machen andere glücklich, wenn wir sie an unserer Freude teilhaben lassen. Und das wiederum freut uns noch mehr. Trinken wir also mit Snoopy eine Runde Malzbier, stimmen wir in Schroeders Geburtstagsständchen für Beethoven ein und kichern wir hemmungslos mit Woodstock. Freude ist ansteckend – wir müssen damit nicht sparsam sein. Im Gegenteil, wenn wir uns ausschütten vor Lachen, wird das Leben jedes Einzelnen reicher.

„LEG 'NE SCHEIBE AUF, SÜSSE …
ICH BIN BEREIT!"

Snoopy

LEGE EINFACH LOS

Wenn du vor Freude tanzen willst, solltest du nicht auf die richtige Gelegenheit warten, das dauert sonst vielleicht zu lange. Dass du dich freust, ist Grund genug. Und glaube es bloß nicht, wenn dir jemand einreden will, dass du angesichts all des Unglücks in der Welt kein Recht dazu hättest. Das Leben kann so viel einfacher sein, wenn man dem eigenen Takt folgt. Habe Freude an den kleinen Dingen. Für Snoopy reichen ein paar unerwartete Schneeflocken oder ein vorbeiflatternder Schmetterling aus, um mit der Nächstbesten ein flottes Tänzchen hinzulegen.

VIELLEICHT FINDET IHN EIN MÄCHTIGER POLITIKER UND VERSCHREIBT SICH DEM WELTFRIEDEN.
FLIEG, BALLON! TRAG DEINE BOTSCHAFT IN DIE WELT!
LIEBE

TEILE DICH MIT

Glaubst du, du hast die Formel für den Weltfrieden gefunden? Dann erzähle davon, vielleicht haben andere ja ähnlich gute Ideen. Kann schon sein, dass sie nicht dasselbe wollen wie du (etwa gemeinsam mit dir auf den Großen Kürbis warten), aber sie werden auf jeden Fall deine Begeisterung für deine Herzensangelegenheit spüren. Und wer weiß, vielleicht inspiriert sie das zur Suche nach ihrem eigenen Stückchen Glück. Denn du bist der lebende Beweis, dass man es finden kann.

„WENN ICH NUR DARAN DENKE,
KÖNNTE ICH PLATZEN VOR WUT …"

Snoopy

MENSCH, ÄRGERE DICH

Das Leben ist nicht immer eitel Sonnenschein. Auch Ärger gehört dazu, und dem muss man manchmal Luft machen, weil man sonst daran erstickt. Dabei kann Ärger ganz nützlich sein, wenn er als Triebfeder für Veränderung dient. Bleibt er aber unter dem Deckel, kann er sehr zerstörerisch wirken. Also zertrample ruhig deinen Tennisschläger, zerquetsche die Wasserflasche oder lass einfach mal ein befreiendes lautes „Aaaaaargh!“ raus. Solange du dich oder andere nicht verletzt, kann es sehr gut tun, deinem Ärger Luft zu verschaffen – und ihn dann zu vergessen. Denn nach einem solchen Ausbruch kannst du wieder raus auf den Platz gehen, dein Manuskript dem nächsten Verlag schicken oder jede andere Chance ergreifen, die das Leben dir bietet.

„JEDEM, DER EINE LANGE REISE GETAN HAT, SOLLTE BEI SEINER RÜCKKEHR EIN BEAGLE UM DEN HALS FALLEN!"

Snoopy

WAS IMMER DU TUST, TUE ES GERN

Beim Stichwort Arbeit denkst du vermutlich eher an schnöden kalten Mammon als an herzerwärmende schöne Dinge. Aber du musst dich gar nicht entscheiden zwischen Lebensunterhalt und Lebenslust – verbinde einfach beides! Sogar wenn du mit deinem Knuddel-Angebot beruflich nicht allzu erfolgreich bist (das klappt meistens nur bei Welpen), kannst du es immer noch mit Knusperkeksen versuchen. Oder mit Musik machen, tanzen, Geschichten erzählen … Wenn du das in klingende Münze verwandeln könntest, wäre es ein Glücksfall für alle Beteiligten.

SEI WELTBERÜHMT

Es ist sicher nicht schlecht, ein Tausendsassa zu sein, aber warum solltest du dich damit zufriedengeben, wenn du doch auch der Prinz aus Tausendundeiner Nacht sein kannst? Oder, noch besser, wenn du weltberühmt sein könntest? Was immer du erträumst, was immer du unternimmst, strebe stets nach dem Höchsten. Greife wie Snoopy mit beiden Pfoten nach den Sternen.

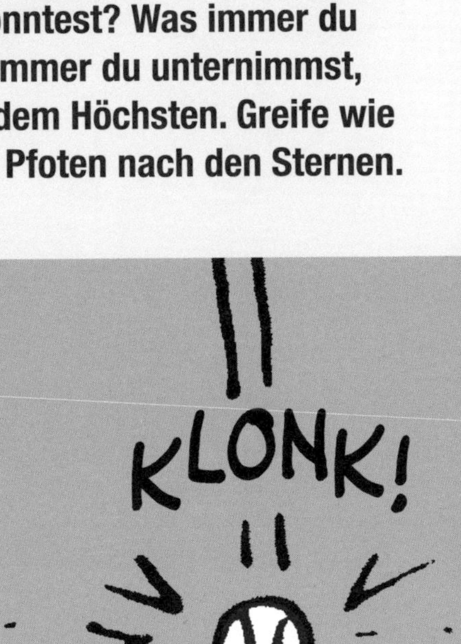

DER WELTBERÜHMTE SUPERMARKT-
KASSIERER BINDET SICH DIE
SCHÜRZE UM, BEREIT FÜR
SEINEN ARBEITSTAG HINTER
DER LADENTHEKE ...

STREBE NACH DEM HÖCHSTEN

Was immer du tust, eifere Snoopy nach und tue es, als gäbe es nichts Wichtigeres im Leben. Weltberühmt zu sein ist ausschließlich eine Frage der Haltung. Du sollst Brot, Bohnen und Bonbons eintüten? Das Wechselgeld für eine Handvoll Möhren rausgeben? Sogar in einer Fantasierolle hinter einem Fantasiestand kannst du brillieren. Nimm deine Karriere in die eigenen Pfoten und gib immer dein Bestes.

„ER HAT TALENT, ODER? ICH BIN WIRKLICH BEEINDRUCKT ..."

Charlie Brown

BÜHNE FREI FÜR DICH

Die Leute werden eher auf dich aufmerksam, wenn du ein bisschen Theater machst. Du lässt die Puppen tanzen? Dann aber mit allen Pfoten, die du hast. Sagen wir, du bist Vertreter für Türkränze und verkaufst einen Kranz, weil du ihn auf der Nase balancierst. Dann versuche, drei Kränze zu verkaufen, indem du zusätzlich zwei oder mehr Kränze herumwirbelst. Jongliere mit Ostereiern, tanze mit Schirm, Charme und Melone. Mache jeden Moment zu einem Ereignis und jedes Ereignis zu einem Bühnenerlebnis – mit dir in der Hauptrolle!

„MIR REICHT ES, EINEN GUTEN EINDRUCK ZU MACHEN, WENN ICH EINEN RAUM BETRETE ... MIR DOCH EGAL, WAS SIE DENKEN, WENN ICH GEHE!"

Linus

DER ERSTE EINDRUCK ZÄHLT

Es lohnt sich, ein wenig Mühe aufzuwenden, wenn die Leute eine hohe Meinung von dir haben sollen. Für ein erstes Treffen gibt es keine zweite Chance, da sollte schon alles tipptopp sein. Also grüße freundlich und trage die guten Schuhe. Behandle jeden schon am Anfang eurer Bekanntschaft wie einen alten Freund, der ein Leckerli für dich in der Tasche hat. Versuche, dich nicht auf dem falschen Fuß erwischen zu lassen, ob du nun zwei oder vier davon hast. Tue alles, damit du in Erinnerung bleibst – möglichst in guter!

„ABER SO WAS TRÄGT MAN NUN MAL NICHT JEDEN TAG!“

Snoopy

GEHE VÖLLIG AUF IN DEINER ROLLE

Wenn du etwas darstellen willst, verhalte dich entsprechend! Snoopy besitzt die passenden Accessoires für eine ganze Reihe von Charakteren – der Detektiv hat seine Sherlock-Holmes-Mütze, der Anwalt seine Melone und der Matrose sein Käppi. Mach es doch genauso! Kleide und gib dich sympathisch und selbstbewusst, du wirst sehen, darauf reagieren die Leute. Vermutlich lenkt das sogar deine eigenen Gedanken in ganz neue Bahnen. Jedenfalls bis morgen, wenn du deine Fliegerkappe an den Nagel hängst und eine wieder ganz andere Persönlichkeit verkörperst.

SEI EIN GUTER FREUND

Wir alle brauchen Freunde, ob nun pelzige, gefiederte oder zweibeinige. Freunde nehmen uns, wie wir sind. Sie wollen uns nicht ändern (nicht einmal, wenn sie uns immer „Sir“ nennen, wie Marcie). Das gilt für deinen Freundeskreis ebenso wie für deinen besten Freund, der mit dir durch dick und dünn geht. Sandburgen mag die Flut wegspülen, aber Freundschaften sind auf festeren Grund gebaut.

„ECHTE PINGUINE KRIEGEN KEINE KALTEN FÜSSE!"

Charlie Brown

VERSETZE DICH IN ANDERE HINEIN

In einer Freundschaft dreht sich alles um Einfühlungsvermögen. Du kannst nicht wirklich für deine Freunde da sein, wenn du dir nicht vorstellen kannst, was sie gerade durchmachen. Nehmen wir mal an, die Schwester deines Freundes hat aus seiner Schmusedecke einen Drachen gebastelt und ihn einfach davonfliegen lassen. Vielleicht verstehst du nicht voll und ganz, was daran so schlimm sein soll, aber es tut deinem Freund in der Seele weh. Sein Schmerz ist dein Schmerz, darum bist du für ihn da und stehst ihm bei, so gut du nur kannst. Schon beim nächsten Mal könntest du an seiner Stelle sein.

„SIE SPINNEN, SIR, ABER LUSTIG IST'S MIT IHNEN."

Marcie

ERKENNE DEINE WAHREN FREUNDE

Nicht immer zeigen Freunde ihre Zuneigung mit Umarmungen und Küssen. Es gibt tausend Arten, wie Menschen (oder Hunde oder Vögel) ihre Freundschaft ausdrücken, da musst du schon genau hinsehen. Vielleicht sorgen sie immer für frisches Trinkwasser. Vielleicht hören sie stundenlang deinem Geblubber zu. Vielleicht lassen sie dich mitspielen und sogar den Ball werfen, auch wenn das Team nur ohne dich gewinnen kann. Erkenne deine wahren Freunde und lass ab und zu durchblicken, dass du sehr wohl um ihre Freundschaft weißt.

ACH, KEINE SORGE, LIEBSTER FREUND! DU DARFST NATÜRLICH BEI UNS WOHNEN!
SCHNÜFF

SEI FÜRSORGLICH

Versuche, das Leben deiner Freunde schöner zu machen, und spare dafür nicht an Zeit und Einsatz. Sei kreativ und zeichne ihnen zum Beispiel ein Bild von ihrem Lieblingskomponisten. Oder hilf ihnen ganz praktisch und lass sie im Notfall bei dir wohnen. Wahre Freundschaft hat tausenderlei Gesichter. Man kann sie nicht kaufen, aber durch uneigennützige Geschenke, die von Herzen kommen, erhalten.

„DAS WAR DER SCHÖNSTE VALENTINSTAG ALLER ZEITEN, PIG-PEN!"

Peppermint Patty

LIEBE OHNE GRENZEN

Liebe ist kein rares Gut und braucht auch keine Erlaubnis. Liebe, selbst wenn das nicht auf Gegenseitigkeit beruht. Du traust dich nicht, das von dir angehimmelte rothaarige Mädchen anzusprechen? Liebe sie einfach aus der Ferne. Verschicke Valentinskarten, ohne im Gegenzug welche zu erwarten. Halte dich in der Sache ganz an Linus: „Ich liebe ohne Vorbehalt, ich liebe ohne Ahnung, ich liebe sogar ohne Sinn und Verstand!“ Liebe einfach.

„EIN GUTER ANWALT KANN NICHT ZUSEHEN, WIE SEINE KLIENTIN VERMÖBELT WIRD ...“

Snoopy

STEH FÜR ANDERE EIN

Wenn einem Freund wirklich Gefahr droht, gibt es kein langes Überlegen – dann musst du ihm beiseitestehen. Vielleicht befindet sich dein kleiner Vogelfreund in den spitzen Krallen der heimtückischen Nachbarskatze? Oder dein Bruder ist umzingelt von Kojoten? Oder der lokale Murmel-Schummler hat einen deiner Freunde um einen ganzen Sack Murmeln betrogen? Wenn so ein Fall eintritt, nimm deinen Mut zusammen. Weiche nicht zurück, sondern wirf dich heldenhaft ins Getümmel. Ob du gewinnst oder verlierst, danach kannst du dir wenigstens im Spiegel in die Augen schauen (auch wenn eines davon blau ist).

SEI DER ALPHA-BEAGLE

Baseball-Teams brauchen Manager. Beagle-Pfadfinder brauchen Gruppenleiter. Es gibt im Leben immer wieder Situationen, in denen jemand die Führung übernehmen muss. Und wer könnte das besser als du? Oh, echt, die? Na gut, aber wenn andere gerade nicht verfügbar sind, dann kannst es genauso gut auch du machen!

„DU HAST RECHT … DU GÄBST TATSÄCHLICH EINE GUTE KÖNIGIN AB!"

Linus

ÜBERNIMM VERANTWORTUNG

Lucy behauptet, „wo man auch hinschaut, überall kommt auf elf Mitläufer eine Führungspersönlichkeit“. Sei wie Lucy und übernimm die Führung. Wenn du dich erst einmal für den Weg der Macht entschieden hast, kannst du ausnahmslos alles erreichen. Gib dich nicht mit der Position einer Präsidentengattin zufrieden, wenn du doch selbst Präsidentin sein kannst – oder sogar Königin! Sieh nur zu, dass dir die Macht nicht zu Kopf steigt. Nutze sie nicht für eigene Zwecke, sondern zum Wohl der Allgemeinheit.

„KEIN PROBLEM IST SO GROSS ODER KOMPLIZIERT, DASS MAN NICHT VOR IHM DAVONLAUFEN KÖNNTE!“

Linus

VERMEIDE UNNÖTIGE STREITEREIEN

Brich nicht mutwillig Streit vom Zaun und gehe Ärger aus dem Weg. Was tat Charlie Brown, als die großen Jungen hinter ihm her waren? Er organisierte eine Diskussionsrunde! Was tat Joe Cool, als ihm die Jungs im Fitness-Studio eine Abreibung verpassen wollten? Er nahm an, der Ober-Rambo würde schon keinen Brillenträger schlagen – und setzte sicherheitshalber gleich sieben Paar auf. Ein Geistesblitz oder ein blitzschneller Sprint zur rechten Zeit ersparen dir so manche unnötige Konfrontation.

„WIE OFT IM LEBEN KOMMT ES AUCH HIER AUF GUTE ZUSAMMENARBEIT AN ...“

Snoopy

TEILE GROSSZÜGIG DEIN WISSEN

Von dir als Anführer wird erwartet, dass du deinen Leuten erklärst, was du vorhast. Wenn sie wissen, um was es geht, folgen sie dir bereitwilliger und werden später ihrerseits bessere Anführer. Bringe ihnen alles bei, was du kannst, und wenn es Boule-Spielen ist. Diskutiere auch deine Vorstellungen mit ihnen, so wie Snoopy seine Theorie, dass Wolken für den Wind verantwortlich seien. Hilf den Jungspunden beim Segelsetzen – selbst wenn sie dich dann darin übertrumpfen! Mit dem Tor zum Wissen öffnest du ihnen das Tor zur Freiheit.

„HABT IHR ETWA ALLE DEN SCHWUR DES BEAGLE-PFADFINDERS VERGESSEN: ‚DEN FREUND LÄSST MAN NICHT IM STICH!'"

Snoopy

GEHE MIT GUTEM BEISPIEL VORAN

Ein guter Anführer hält seine Leute mit Überzeugung bei der Stange. Wenn du ihnen das Gefühl gibst, dass dein Ziel auch ihr Ziel ist, wird keiner aus der Reihe tanzen (nicht einmal, wenn der verführerische Duft einer Peperoni-Pizza lockt). Wenn du für ein Team verantwortlich bist, gehe mit gutem Beispiel voran. Unterstütze deine Leute und verlange nichts von ihnen, was du nicht auch tun würdest. Und außerdem gilt: Ein kleines Zuckerbrot (oder auch ein Stück Peperoni-Pizza) schadet nicht.

Der DK Verlag dankt Nat Gertler für den Originaltext, Craig Herman von Peanuts Worldwide, Alexis Fajardo und Alena Carnos von Charles M. Schulz Creative Associates sowie Kayla Dugger und Emma Grange für ihre redaktionelle Unterstützung.

Lektorat Emma Grange, Julia March, Sarah Harland, Julie Ferris, Mark Searle
Gestaltung und Bildredaktion Chris Gould, Vicky Short, Lisa Lanzarini
Herstellung Siu Yin Chan, Louise Daly

Für die deutsche Ausgabe:
Projektbetreuung Christian Noß
Herstellungskoordination Claudia Rode
Herstellung Christine Rühmer

Titel der englischen Originalausgabe:
Peanuts™ Be More Snoopy

Übersetzung Elisabeth Schnurrer

Die deutsche Übersetzung der Comicstrips richtet sich weitgehend nach *Die Peanuts: Werkausgabe,* Bd. 1–26 von Carlsen Comics.

ISBN 978-3-8310-4110-7
5902-321690-21978-06

Druck und Bindung Golden Prosperity Printing & Packaging (Heyuan) Co., Ltd.

MIX
Papier | Fördert gute Waldnutzung
FSC® C018179
FSC www.fsc.org

www.dk-verlag.de